AF245174

Lettre à l'Administration de la
Bibliothèque Nationale.
du 15 mai 1933.
Note II.

Le Catalogue (lithographié) de l'Histoire de
l'Asie,au chapitre III - Arménie - indique ,à
la page 100, un ouvrage anonyme sous le titre:-

     M é m o i r e   s u r   l e s   A g h o -
v a n s   o u   A l b a n a i s   d ' A r -
m é n i e .
     P a r i s . I m p r . d e   A d . L a i -
n é (1 8 7 0) in.-8°. Pièce.   O°.b.91.

L'auteur de ce mémoire est Mr.Eugène B o r é
(né le 5 août 1809,mort le 3 mai 1878), voyageur et missionnaire, auteur des ouvrages:- Cor
respondance et mémoires d'un voyageur en Orient,
Paris,1840. 2 vols. - L'Arménie . Paris. 1846,
et de plusieurs articles sur les pays et les
de l'Orient . Devenu , en 1850 , Lazariste ,.
il mourut Supérieur Général de la Congrégation de la Mission .

Ce mémoire présente un aperçu sue le christianisme des Aghovans d'après " l'Histoire des
Aghovans" de l'historien arménien Moïse de Kalankatouatsi.

—————————

Divers ouvrages,qui donnent des notes bi-
bliographiques concernant Moïse Kalankatouatsi
indiquent,que dans les"Nouvelles Annales des
Voyages " Paris . Impr. Thunot . Année 1848 .
t. II . p. 53-98 , fut publié un article:-
     "Histoire des Aghovans,par Moïse de Galen-
touni,extraite et traduite du manuscrit arménien par Mr.Eugène Boré. Avec notes et rectifications de Mr.Vivien de Saint-Martin."

A part cette publication,parue en 1848, l'ar-

ticle de Mr.E.Boré fut primitivement publié
sous un titre quelque peu différent:-"Histoire
des Aghovans et de leur conversion au Christianisme",- dans l' "Université Catholique".Pa-
ris. Impr.Bally. t. XXII.1846.in.-8°.p.137-152;
274-285.
   Cet article est daté - Constantinople,21 avril
1846, et signé- Eug. Boré,Membre correspondant
de l'Institut.

   Ensuite, dans " L'Institut . Journal univer-
sel des Sciences et des Sociétés savantes en
France et à l'étranger.II-e Section:Sciences
Historiques,Archéologiques et Philosophiques."
Paris.Impr.de Cosson. XII année. No 136. Avril 1847. 4°.p. 49-57, on trouve la note suivante:-(x)
   "Académie des Inscriptions et Belles-Lettres
de Paris.-Ethnographie. HISTOIRE DES AGHOVANS..
Nous allons donner en entier le mémoire de Mr.
Eugène Boré dont communication a été faite à
l'Académie par Mr. Eugène Burnouf dans la sé-
ance du mois de janvier dernier ".(suit le te
texte du mémoire de Mr. Eug. Boré, en tout conforme au texte paru dans " L'Université Catholique", sauf quelques différences insignifi -

____

(x) A propos de cette note ,paru dans le journal " L'Institut" on peut faire une rectifica-
tion:- La communication du   mémoire de E.Boré
à l'Académie des Inscr. et B;-L. fut faite
non par Mr.E Burnouf, mais par Mr. Dureau de
la Malle ; ensuite , la communication fut in-
titulée : Analyse d'un ouvrage sur les Agho -
vans et sur leur histoire .(8 janvier 1847).
Voir:- Mémoires de l'Institut National de
France. Académie des Inscriptions et Belles-
Lettres. t. XVI , première partie. Paris .
1850. p. 119.

antes dans le contenu de quelques petites notes
en bas des pages .

     Le texte de l'exemplaire du Mémoire anonyme
conservé à la Bibliothèque Nationale sous la cote O b 9I est pareil aux textes des mémoires pa-
rus successivement en 1846, 1847 et 1848 dans
les trois publications indiquées,sauf cepen -
dant le texte des notes en bas des pages.

     Donc,sans aucun doute, l'auteur du mémoire,
conservé sous la cote O b 9I est Mr. Eugène Boré.

     Et cependant, cet exemplaire du mémoire, aya
bien l'aspect d'un tirage à part, n'a été   -nt
tiré d'aucune des ces trois publications.En effet, elles parurent en 1846,-8 et -8, tandis
que l'exemplaire O b9I porte l'estampille du
Dépôt Légal de l'année 1870;à part de cela,à la
dernière page de cet exemplaire sont imprimés
le nom et l'adresse de l'imprimerie de Ed.Lai-
né, tandis que toutes les trois publications
nommées furent publiées dans des imprimeries
autres que celle de Ed. Lainé;on voit, du reste
une différence dans la composition typographi-
que.
     Une première supposition , admettant que la
date du Dépôt Légal, qui était très mal lisible
serait de 1850 et non de 1870, a dû tomber , q
quand le Bureau de la Salle de Travail à la Bi
bliothèque Nationale, interrogé à ce sujet et
voyant à quel point la date était erasée et
peu déchiffrable, a pris la soin de la vérifier
et après avoir établi que c'était bien 1870,a
inscrit cette date à l'encre sur l'estampille
du Dépôt Légal.   -le
     Une autre supposition,admettant ,que l'artic
après avoir paru dans une des trois publication,
aurait été quelque peu modifié et que l'imprimerie serait passée à cette époque à Ed.Lai

né, a dû également être   écartée,car à cette
époque-là aucune des trois publications n'a c
changé son imprimerie.

     Il devenait curieux de savoir l'origine
de cet exemplaire O^b 9I ;curieux non seulement au point de vue bibliographique,mais
plutôt par le fait, qu'étant imprimé en I870,
, il contenait la mention, que l'Histoire des
Aghovans de Moïse de Kalankatuatsi restait
encore inédite, tandis que - (sans parler des
extraits, concernant la première expédition
caspienne des Russes en 914,-publiés par Ku-
nik , dans le Bulletin de l'Académie des Sc.
de St.Pétersburg, en I848, et de quelques autres extraits, publiés par M.Brosset,également
ment à St.Pétersbourg, en I85I),L'Histoire
des Aghovans, texte entier avec des annotati
ons fut publié par prof. Emin, à Moscou en
I860. 8°. 286 p. et , la même année , par
K.Chah-Nazarean, à Paris.I860.12°. 432 p.;en-
suite, en I86I, prof. Patkanean a publié à
St.Pétersbourg une traduction russe de cette
Histoire des Aghovans-St.Pétersbourg.8°.XV I
376 p.

     Les premières recherches faites pour trou
ver l'article de M.E.Boré dans une des plusieurs revues paraissant à Paris et consac-
rées soit à l'Orient , soit à des questions
religieuses,de I868 à I870, n'ont donné aucun résultat.
     Alors,étant donné,que Mr. Eugène Boré,a-
près avoir reçu, en I850, la tonsure,entrait
dans la Congrégation de la Mission,qu'il é-
tait nommé,plus tard, Secrétaire Général, et
ensuite (le II septembre I874)élu Supérieur
Général de cette Congrégation,un essai a été
fait de trouver l'article en question dans
les " Annales de la Congrégation de la Mission".
     En parcourant cette publication depuis I84

I846 jusqu'à I870, l'article recherché n'y a
pas été trouvé; cependant, dans le volume 35,
de l'année I8?? . à la suite de l'article de M
Clugnel intitulé " Etat actuel du Christianisme en Perse",une note anonyme fut trouvée sous
le titre " Du Christianisme chez les Arménien?
(p. 50I-506), -une note se référant à l'article précédent.Cette note anonyme contient quelques passages communs ave c ceux de l'exemplaire O°b 9I et sev termine par la même liste
des Patriarches Aghovans. Les caractères de
cette note sont pareils à ceux de l'exemplaire
O°b 9I,sorti de l'imprimerie de Ad.Lainé. Les
Annales de la Congrégation de la Mission,étant
imprimées chez Adrien Le Clere er C°, c'est e?
ce dernier nom qui se trouve sur la couverture
du volume 35; cependant, à la fin de cetome
on touve le nom de Ad. Lainé, et c'est ce dernier nome qui se trouve sur le volume de l'année suivante des Annales.

     Après avoir trouvé dans les"Annales" les
traces de l'article recherché,il restait à
supposer que l'article entier pouvait avoir ét?
imprimé dans quelque autre publication ecclésiastique affiliée aux "Annales". Le moyen le pl
plus simple pour savoir quelle pourrait être
cette publication était de s'adresser à la Congrégation.

     Le Rédacteur des"Annales",Mr. l'abbé Coste?
ayant déclaré que la Congrégation de la Mission
n'a pas eu d'autres publications que celle des
"Annales" et désireux de contribuer à l'éclair-
cissement de la question qui concernait une publication de Mr. Eugène Boré, a bien voulu communiquer un des volumes de " Répertoire Biblio?
graphique de la Congrégation de la Mission",-
recueil ,qui contient les notes , soit imprimées, soit manuscrites, sur les ouvrages des
membres de la Congrégation.

     Dans le volume A-B de cerecueil , parmi
plusieurs notes concernant Mr. E.Boré se trouve une note manuscrite,qui se termine par une

mention suivante(que l'article en question):-
     "Enfin, Mr.Boré lui-même, devenu Secrétaire
Général , le fit imprimer de nouveau en I870 ,
pour être inséré dans les"Annales de la Congrégation",où cependant il n'a point trouvé place
pour des motifs que j'ignore. Il reste seulement, à la Bibliothèque de la maison à Paris ,
deux exemplaires, tirés à part."

     L'exemplaire de ce tirage à part se trouvan
à la Bibliothèque de la Congrégation de la Mission, à Paris, est en tout pareil à celui conservé à la Bibliothèque Nationale sous la cote
O²b 9I:-il n'a pas de couverture et ne porte
pas de nom d'auteur; seulement, en haut de la
première page est écrit à l'encre - E.B o r é .
À la dernière (35-ème) page est indiqué le lieu
de l'impression - Paris.Imprimerie Ed.Lainé,rue
des Saints-Pères,I9.

     Ainsi, les recherches entreprises pour trou-
ver la publication, qui aurait servi au tirage
à part (conservé sous la cote O²b 9I) ont
fait constater, qu'il ne s'agit point d'un tirage à part , à proprement parler , mais tout
simplement d'une épreuve de la composition, pré
parée pour être incorporée aux " Annales ",mais
qui ne le fut pas.

     Cette dernière circonstance devient compré-
hensible, si on examine le contenu du"Mémoire
sur les Aghovans ou les Albanais de l'Arménie".
Ce n'est pas un recueil objectif des extraits,
tirés de l'Histoire des Aghovans de Moïse Kalankatuaçi. Les extraits choisis s'y trouvent
réunis pour servir de base aux réflexions de
Mr.E.Boré , concernant d'ailleur non les Aghovans,qui n'existent plus, mais les Arméniens,
dont s'intéressent les missionnaires;et ces réflexions de Mr. Boré développent l'idée direc-
trice des missionnaires catholoques ,selon la-

quelle la destinée de la nation arménienne s'a-
méliorait complètement si la nation abandonn-
nait la religion chrétienne de ses ancêtres
pour embrasser le catholicisme.

Or,c'est probablement en vue du caractère
spécial du dit Mémoire, que Mr. Boré, nommé
Secrétaire Général de la Congrégation de la Mi-
Mission,a pensé le faire paraitre de nouveau.

En 1846-8, ce Mémoire a attiré l'attention
des orientalistes, car il donnait,le premier,
quelques extraits de L'Histoire des Aghovans,
dont le manuscrit fut précédemment découvert
dans la Bibliothèque d'Edchmiatsin ; cette
attention devait s'accroître ,quand le Mémoire
parut , dans les Nouvelles Annales des Voyages
avec les notes et rectifications de Mr. Vivien de Saint-Martin.
Mais depuis 1850, Mr. E.Boré,devenu un Lazariste de plus en plus notoire, a été probablement forcé d'abandonner ses premiers travaux histdriques , afin de pouvoir se consa-
crer entièrement aux charges de sa vocation.
C'est,peut-être,seulement après avoir préparé
la réimpression de son Mémoire,que Mr. Boré
a appris, que l'oeuvre de Moïse Kalankatuaçi
avait été déjà trois fois publiée in-extenso.
Et c'est vraisemblablement pour cette raison que l'auteur aurait jugé inutile de réédi-
ter en 1870 son Mémoire de l'année 1846 ,se
bornant à en tirer une note,qu'il insera dans
les "Annales" (aux pages 501-506 du vol.35)
pour compléter l'article de Mr. Cluzel.

En ce qui concerne le Mémoire de Mr. Boré
paru pour la première fois en 1846, il ne serait pas inutile de mentionner, que sa prépa-
tion remonte à l'année 1838, quand Mr. Boré
se trouvait en mission scentifique en Arménie
(Voir à ce sujet un Mémoire envoyé en octobre

1838 , de Van, à l'Académie des Inscriptions
et Belles-Lettres - dans le volume I des "Mémoires d'un voyageur en Orient".). Ensuite ,
le Mémoire de Mr. Boré , paru en 1846 , fut
envoyé par l'auteur pendant qu'il se trouvait
en Asie Mineure et par conséquent était privé
de documentation voulue et hors d'état de
compléter son ouvrage comme il l'aurait voulu
s'il avait pu le terminer à Paris; c'est pré-
cisement ce qui fut réalisé par Mr. Vivien de
Saint-Martin.

MÉMOIRE

sur

LES AGHOVANS OU ALBANAIS D'ARMÉNIE.

Les Aghovans. — Leur origine. — Leur nom. — Moïse Galkantouni, auteur de leur histoire. — Analyse de cette histoire. — Traditions religieuses. — Sacrifices sanglants. — Règne de Vatchagan. — Ses lois civiles et ecclésiastiques. — Invasion des Huns. — Événements de la Perse. — Le prince aghovan Tchévoncher. — Une ambassade près du roi des Huns. — Schisme de l'Église aghovane déterminé par les Arméniens. — Domination arabe. — Liste des Patriarches aghovans.

Le pays situé entre le Kour (l'ancien Cyrus), la mer Caspienne et la partie du Caucase qui forme la frontière de la Géorgie, a longtemps échappé aux regards et aux investigations des historiens et des géographes, soit à cause de l'éloignement et de la nature inaccessible des lieux, soit à raison de l'humeur indépendante des habitants ou de la variété des langues de leurs tribus. — Strabon (1) observe que les différentes races, vivant là sous autant de princes ou de chefs particuliers, dépendant d'un chef suprême, étaient au nombre de vingt-six et que chacune d'elles avait son idiome propre. Moïse de Khoren, compilateur et dépositaire le plus ancien et le plus éclairé des traditions et des antiquités arméniennes, prétend que la race principale, connue sous le nom d'Aghovans, avait avec les Arméniens une origine commune par Sisag, de qui le nom se retrouve dans la province limitrophe de Siounik'h appelée avec plus d'exactitude

____

(1) Strabon, lib. xi, p. 344, 346. Édit. d'Isaac Casaubon, 1587.

Sisagan par les Persans. Dans un autre passage, il laisse néanmoins entendre que la langue était totalement différente chez les deux peuples, qui ne pouvaient communiquer entre eux qu'au moyen d'interprètes, comme on le voit dans le récit de voyage du savant Mesrob, inventeur des caractères arméniens, lequel, voulant aussi donner un alphabet aux Aghovans, eut recours aux truchements que lui fournirent le roi Arsvagh et le Patriarche Jérémie. Le royaume des princes aghovans ne comprenait d'abord que les provinces actuelles du Chirvan et du Daguestan, et ce ne fut que par des empiétements belliqueux qu'ils s'étendirent sur la rive droite du Cyrus.

Le même historien, cherchant à expliquer le sens du mot Aghovan, le rapporte au mot arménien *Aghou*, qui signifie *aménité, douceur*, à cause, dit-il, des mœurs humaines des habitants (1). Cette préoccupation de retrouver dans sa propre langue l'étymologie d'un nom étranger est un défaut trop commun malheureusement, et dont le premier inconvénient est de conduire, comme ici, à des hypothèses arbitraires que démentent la science et la nature. Si Moïse de Khoren eût eu quelque notion de la langue dont il représente un des dialectes, le *Karkharien*, comme *guttural, très-dur* et *déchirant le gosier* (reproche assurément déplacé dans la bouche d'un Arménien), il eût pu aisément se convaincre que cette réputation d'humanité et de douceur était précisément contredite par l'histoire. Sans entrer dans une discussion philologique, il paraît toutefois être plus conforme aux lois de l'étymologie et de l'ethnographie de ramener le mot *Aghovan* ou *Aghou* au radical *Ari*, lequel a servi de nom commun à la famille de peuples éparse dans tout l'ancien empire de la Perse, race dominante, forte et belliqueuse (2).

(1) Mos. Khor., lib. I, cap. II, p. 33, 34.
(2) Dans la langue arménienne, le mot *Ari* a conservé cette signification.

D'ailleurs l'Aria ou l'Arie proprement dite n'a-t-elle pas été placée par les anciens géographes dans la contrée même (1) des Aghovans? En faisant d'eux une race *arienne*, supposition qu'il serait facile de vérifier s'il nous était parvenu quelque fragment authentique de leur langue primitive, nous pourrions mettre d'accord Moïse de Khoren avec lui-même, touchant le témoignage de leur origine arménienne, car la race arménienne est bien aussi une race arienne (2), ce qui nous conduit à penser que la langue perdue des Aghovans devait être régie par des lois analogues et tenir à une souche commune. Que l'on n'objecte point la difficulté réciproque des deux peuples à se comprendre : la langue russe, qui a des liens de parenté si étroits avec le grec et le latin, est-elle comprise de l'Hellène et de l'Italien?

La résurrection historique d'un peuple est un fait digne d'intérêt et une conquête précieuse pour la science. L'espoir de tirer les Aghovans de l'oubli a provoqué les investigations des voyageurs et des savants. La mort empêcha le docte Saint-Martin de rendre à la vie ce peuple, sur le passé duquel il avait jeté les traits d'une vive lumière (3). L'on savait qu'un auteur arménien du VIIe siècle, nommé Moïse Galkantouni, avait écrit leur histoire, et le fragment que l'on possédait était d'autant plus propre à faire regretter la perte de l'ouvrage (4).

---

(1) Le géographe persan Ham d'Oullah Kazvini (Nozhat-Alquouloub, ms. pers., n° 127, p. 125) dit que ces mots d'Aria ou Aran (l'Iran actuel), appliqués anciennement à toute l'Arménie orientale, jusqu'à la mer Caspienne et à Derbend, ne désignèrent plus dans la suite que les pays renfermés entre le Kour et l'Araxes. *Aériano*, dans les livres zends, désigne la même contrée.

(2) En retranchant du mot *Armen, Armenus, Armenien* les désinences, il reste précisément le même radical que dans le mot *Aghovan*.

(3) Mémoires sur l'Arménie, t. I, p. 213, 222.

(4) Versuch einer Geschichte der armenischen Litteratur, von Fried. Neumann. Leipzig, 1836, p. 104.

Pendant son voyage en Arménie, un Confrère, conservant toujours l'espoir de découvrir dans quelque monastère l'ouvrage de Moïse Galkantouni, le chercha parmi les rares dépôts de manuscrits que le temps et la barbarie ont épargnés. Il commençait à douter de son existence, lorsqu'il fut assez heureux pour le trouver dans la bibliothèque d'Etchemiadzin, couvent qui est le siége du Patriarche suprême ou *Cathorigos* des Arméniens. Le bibliothécaire, homme versé dans les antiquités de sa nation et le seul capable d'apprécier l'utilité de ces documents, se prêta avec complaisance à la proposition d'en faire tirer une copie. Huit mois environ après son passage à Etchemiadzin, le Confrère recevait à Téhriz ou Tauris, ville persane de l'Aderbidjan, l'exemplaire qui est actuellement à sa disposition et dont il entreprend ici l'analyse. L'écriture cursive et pleine d'abréviations qu'a multipliées le copiste, trop avare de son temps, en rend la lecture pénible et parfois incertaine pour certains noms anciens, de peuples ou de pays. Néanmoins, comme la copie a été collationnée ensuite par le Religieux ou *vartabed*, bibliothécaire, nous la croyons conforme à l'original, qui a peut-être les mêmes défauts.

Accorder à Moïse Galkantouni le nom d'historien, serait lui faire trop d'honneur; il n'est à proprement parler qu'un chroniqueur, encore très-imparfait, ou mieux un compilateur, dont toute la tâche n'a été souvent que de copier et de traduire. Lorsque le style s'anime et se colore de figures brillantes, telles que les aime le goût oriental, c'est qu'il est question de la Perse et des événements qui l'agitèrent au temps des Sassanides. Aux antithèses, aux inversions et aux tours d'une prose poétique, l'on reconnaît la touche particulière à ce pays, où l'imagination pompeuse et exaltée rehausse toujours par l'éclat de l'expression les choses les plus simples. Ailleurs, s'il nous initie aux sanglants mystères des Prêtres du Magisme, l'on voit qu'il a puisé à des traditions locales, et que ses renseignements sont plutôt recueillis et juxtaposés, que composés et rangés dans un ordre convenable. Toutefois nous devons lui savoir encore beaucoup de gré d'avoir conservé des documents, qui, faute d'investigations et d'une louable curiosité, eussent péri comme tant d'autres monuments littéraires du passé. Si la pierre funéraire qui nous transmet le nom, l'âge et quelques particularités d'une vie commune et inconnue, a néanmoins tant de prix et de charmes, seulement à cause de l'extrême antiquité, que sera-ce d'un mémoire assez long et d'une dissertation exigeant encore assez de patience et de recherches, sur un peuple tout entier, illustré par plusieurs siècles d'une existence glorieuse ?

L'ouvrage est divisé en trois livres ou traités, qui, au lieu de suivre dans la forme de la rédaction et dans le choix des documents une gradation ascendante de clarté et de rectitude, à mesure que les faits se rapprochent davantage de l'époque de l'écrivain, laissent au contraire apercevoir plus de négligence de style et de confusion dans le récit des événements. La première partie, après avoir résumé trop rapidement les antiquités de la nation aghovane, nous conduit jusqu'à l'avénement des Sassanides au trône de Perse. La deuxième partie se termine à l'apparition en Arménie de la secte dite des Iconoclastes, ce qui nous conduit au commencement du huitième siècle, c'est-à-dire jusqu'à l'époque où vivait l'auteur. Cela ne l'empêche pas de commencer son troisième livre avec l'Hégire, autre preuve de son manque de critique et de méthode. On pourrait même dire que les divisions sont tellement arbitraires et peu ménagées par des transitions, qu'elles pourraient bien être le fait d'un copiste. Passons maintenant à l'analyse de chacune des parties.

Comme on le sait, il n'est point d'historien parmi les Orientaux qui ne croie ses annales incomplètes, s'il ne les fait remonter à la création du monde. Les auteurs musulmans,

surtout, avant d'arriver aux temps proprement historiques,
s'étendent avec diffusion sur les moindres faits qui compo-
sent l'ensemble de leurs traditions incohérentes avant l'ère
de Mahomet. Les Chrétiens, qui ont le fil régulateur des Sain-
tes-Écritures, tels que les admet et les consacre l'autorité de
l'Église, ne sont point exposés aux mêmes aberrations, sous
ce rapport.

Moïse Galkantouni cherche à imiter la marche suivie par
Moïse de Khoren, qu'on peut appeler l'Hérodote arménien,
pour son style classique, et parce qu'il a aussi le mérite d'être
l'historien primitif de son pays ; car, si l'on voulait pousser
plus loin le parallèle des deux écrivains, il n'y aurait pas de
justice littéraire à assimiler l'auteur arménien, concis au
point d'être souvent obscur, au narrateur grec, lucide, poétique et toujours attachant. Le système des dynasties de
Moïse de Khoren est également admis par lui ; seulement,
dans leur énumération, il omet les noms de Pharnace I et de
Sour (1531-1478 avant J.-C.), de Chavarch II (1180), Berdj
II (1075), Ampag II (910) ; et plusieurs autres sont totalement défigurés. Peut-être encore ici ne doit-on accuser que
le copiste de ces inexactitudes.

Au lieu de chercher à pénétrer dans la haute antiquité
d'un peuple dont il va esquisser les annales, il s'en rapporte
encore trop docilement à la parole de Moïse de Khoren, et
affirme avec lui que, depuis la création du monde jusqu'au
règne de Vagharchag, roi d'Arménie, c'est-à-dire vers le milieu du deuxième siècle avant notre ère, l'on ne sait rien des
Aghovans, si ce n'est qu'ils étaient un peuple féroce, intraitable
et vivant de rapines et de brigandages. Ce roi forma la prin-
cipauté de Siounik'h dont nous avons déjà parlé, envahis-
sant, à la tête des populations placées sur la limite nord-est
de l'Arménie proprement dite, le territoire d'un prince de
la maison de Sisag, dont le pays prit le nom. Ces princes,
d'abord soumis aux rois arméniens, se constituèrent indé-

pendants, lorsque l'Arménie tomba sous la domination persane. Aux neuvième et dixième siècles, ils entretenaient
des relations diplomatiques avec les empereurs de Constantinople, qui leur accordaient le titre de *Princes de Syne* (1).
En 1251, nous trouvons encore dans l'histoire de Géorgie
un certain David, qualifié du titre de *petit roi des Siouniens*.
Selon Moïse de Khoren et notre historien, ce même Vagharchag appela la race des Aghovans dans les plaines qui s'é-
tendent de l'Araxe à la forteresse d'Hounagerd, qui devait
être située au nord du lac de Sévan (2) ; il les mit sous la
direction d'un chef appelé Arhan, homme illustre, réfléchi
et habile, et commandant d'un corps de dix mille hommes (3).
C'est de cet Arhan que seraient issues les races des Oudiens,
des Khartmaniens, et même des Dzotiens et Kharkariens,
tribus belliqueuses des montagnes, auxquelles on pourrait
peut-être rattacher celles qui ont défendu avec tant de courage leur indépendance en Circassie.

Ici, Moïse Galkantouni trace un tableau rapide et raccourci
de ce pays, de sa position, de ses produits et de sa zoologie.
« La contrée des Aghovans, dit-il, est belle, plaisante, et
réunit toute sorte d'avantages. Les hautes montagnes du
Caucase la traversent, et elle est arrosée par le Kour, qui
abonde en poissons de toute espèce, et dont les eaux vont
se verser dans la mer Caspienne : sur ses bords s'étendent
des plaines qui produisent le froment, le vin en quantité, lo
naphte et le sel, ainsi que la soie (Աբրիշամ, *Abrichame*),
le coton, des oliviers sans nombre. Dans les montagnes se
trouvent des mines d'or, d'argent et de cuivre d'une couleur
très-jaune. On distingue parmi les animaux le lion, le

____

(1) Constantin Porphyr. de cæremon. aul. byz., cap. 48, p. 396.
(2) Voy. S. Martin, *Mémoires sur l'Arménie*, t. I, p. 90. — Moïs. de
Chor., lib. II, cap. 7, p. 95.
(3) Id., *ibid*.

léopard, la panthère et l'ours. Il y a des aigles, des faucons et beaucoup d'autres oiseaux de la même espèce. La capitale est la grande Bardaah (1). »

Ces renseignements, quelque abrégés qu'ils soient, n'en sont pas moins précieux. Le témoignage d'une ancienne exploitation de mines d'or, d'argent et de cuivre, peut être utilement vérifié par le Gouvernement auquel appartient actuellement le pays. Les premières traditions recueillies par l'écrivain remontent au commencement du Christianisme, qui y fut prêché par les Apôtres eux-mêmes. Dans la plaine (2) d'Ardazi ou Ardez, située au pied du versant oriental de l'Ararat, fut mis à mort S. Thadée, par ordre du cruel et impie Sanadroug, monarque arménien dont les États s'étendaient dans la Mésopotamie jusqu'à Nisibe, sa capitale, rebâtie par ses soins. Suivant un autre récit, l'Apôtre Barthélemi aurait péri dans le même lieu, document conforme à la tradition de l'Église occidentale qui le dit avoir été écorché vif et mis en croix, à Albanopolis, nom que l'on peut traduire par *une ville du pays des Albanais* ou Aghovans. Ce que nous allons rapporter ici des superstitions barbares des Aghovans, livrés au culte du magisme, expliquera et confirmera le martyre de l'apôtre (3).

Les initiés, dits *coupeurs de doigts*, célébraient un jour leur sanglant mystère dans une épaisse forêt, sur les rives du Kour. Ils écorchaient un jeune enfant lié par les quatre pouces à quatre pieux. Un jeune homme qui passait là par

---

(1) Bardaah ou Bardav, qui s'écrit aussi en arménien *Perde*, et qui nous semble tenir à la racine *Pert*, forteresse, dite aussi *Guerd*, *Djerd* en persan, *Grad* en russe et dans les autres langues de la famille slave, est quelquefois placée dans la province de Phaidaragan. Aujourd'hui elle n'est plus qu'un pauvre village, peu éloigné du Kour, sur une petite rivière dite **Terter.**

(2) Elle porte aussi le nom d'*Ardazagué.*

(3) Breviar. Rom., p. 777. Astyagem Polymii regis fratrem in Apostolum incenderunt, ut is vivo Bartholoæmo pellem crudeliter detrahi jusserit.

hasard les découvrit, mais il fut aussi lui-même découvert, et il ne dut son salut qu'à la fuite en se précipitant au milieu du fleuve. Il parvint d'abord heureusement à une petite île et de là à l'autre rive. Alors il alla révéler au roi tout ce qu'il avait vu. Vatchagan, l'un des rois aghovans les plus renommés par son équité et par son zèle pour la foi chrétienne, jura, dans l'indignation qu'excita ce récit, de purger ses États de cette secte abominable. Mais, comme tout était tenu secret par les membres, il ne savait comment les amener à la confession de ce crime. En vain fit-il saisir et mettre à la question plusieurs des prêtres qui avaient la réputation de devins et de sorciers; il n'en put tirer aucun aveu. Alors, comme mû par une inspiration secrète, convoquant tous ces faux prêtres avec leurs femmes et leurs fils, il commanda d'arrêter l'enfant le plus jeune, et lui promit la vie s'il racontait toutes les circonstances de ce sacrifice humain. L'enfant, s'inclinant devant le roi, dit : « Le démon, revêtu d'une figure humaine, sépare l'assemblée en trois groupes, et chacun de ces groupes prend une victime; alors il ordonne de percer d'un fer l'un des hommes arrêtés, d'égorger l'autre et d'écorcher le troisième, tout vivant, en commençant par le pouce de la main droite et en enlevant la peau jusqu'à la poitrine; de couper ensuite le petit doigt de la main gauche et des pieds, en continuant de l'écorcher, tandis qu'il respire, puis de le tuer et de prendre sa peau. La peau devait être alors préparée et portée dans un lieu secret. Après cela, on apportait un siége de fer et on y plaçait des ornements. Le diable venait et se revêtait de la peau humaine qu'il prenait par les quatre pouces. Dans le cas où l'on ne pouvait pas se procurer de victime humaine, l'esprit-mauvais ordonnait d'ôter l'écorce d'un arbre, et de placer devant lui, comme victime, un bœuf ou un mouton. Il mangeait et buvait avec les ministres, tandis qu'un cheval sellé et harnaché se tenait près de là; puis, montant ce coursier, il le lançait bride abattue jusqu'à ce qu'il s'arrêtât, et alors lui-même disparaissait. » Ce récit démontra à tous la malice de la secte, et, après avoir entendu d'autres dépositions, le roi dit à ceux qui faisaient cet aveu : « Je vous laisse la vie sauve en vertu de mon serment ; maintenant traitez ces misérables, comme ils ont traité les autres. » Aussitôt la moitié des faux prêtres fut égorgée dans le camp du roi, et l'autre fut exterminée dans ses habitations. Les médecins étaient complices des crimes des faux prêtres. Chacun d'eux devait aussi fournir annuellement une victime à l'esprit-mauvais, et, s'il s'y refusait, il était tourmenté jusqu'à ce qu'ils empoisonnassent quelqu'un de leur propre famille. D'autres gens exerçant des maléfices étaient affiliés à eux ; le roi purgea également le pays de tous ces devins et sorciers.

Vatchagan était tout occupé du soin de propager la religion chrétienne et de substituer sa morale aux enseignements barbares du magisme. Il était pieux, adonné aux bonnes œuvres, et exhortait par sa parole et par ses exemples les sujets de ses États à embrasser la foi de Jésus-Christ. Il fut récompensé de son zèle par la découverte de plusieurs reliques précieuses. Telle fut l'invention de celles de saint Verthanès, fils de saint Grégoire *l'Illuminateur*, premier Patriarche des Arméniens, dans la ville de Mtskhéta (1), sans doute l'ancienne capitale de la Géorgie, située au confluent du Kour et de l'Aragvi. Les bords du Kour sont aussi le lieu d'origine du père ou fondateur de la nation géorgienne, K'hartlas, d'après une tradition dont il existe encore des traces locales (2).

Vatchagan II est, suivant l'auteur, le onzième roi aghovan bien connu ; ses prédécesseurs avaient été : 1° Arhan ; 2° Vat-

(1) C'est la Μαῖχέτα de Ptolémée (*Géogr.*, lib. v., cap. ii).
(2) Ainsi près de Mtskhéta se trouve une vallée dite K'hartlos-Khevi, c'est-à-dire vallée de K'hartlos.

chagan ; 1er 3e Vatché ; 4° Ourhnair ; 5° Hozagan ; 6° Mer-
houan ; 7° Sadoi ; 8° Asag ; 9° Erhouazen ; 10° Vatché II. Nous
savons d'Ourhnair que c'était un prince vaillant, qu'il épousa
la sœur de Chapour II, roi de Perse, et qu'après la mort du
roi Archag II, vers l'an 372, sous le règne de Bab, monarque
arménien, il était au nombre des généraux ennemis que vainquit
Moucheg Mamigonian , généralissime des Arméniens. Il
reçut le baptême des mains du Patriarche, saint Grégoire
Lousavoritch, et le pria de donner un chef spirituel à son
royaume ; origine de la dépendance de l'Église des Aghovans,
qui releva du siége patriarcal d'Arménie, pendant un certain laps de temps. Vatché II embrassa aussi la foi chrétienne, et le roi de Perse, Yesdegerd, très-irrité de sa conversion, envoya contre lui une armée d'*Aris*. C'est ainsi que
l'historien appelle les Persans. Le roi aghovan résiste avec
courage, et refuse ensuite la proposition que le roi Béroze
lui fait de sa sœur pour femme, répétant qu'il ne combattait
pas pour la puissance, mais pour la religion. Quand il ne
put plus résister, prenant avec lui le livre des Saints-Évan-
giles, il abdiqua et se retira dans la solitude.

Passant ici une série d'événements empruntés à l'histoire
arménienne et mêlés sans ordre ni critique à celle des Aghovans, nous revenons au règne de Vatchagan II, sur qui les
renseignements sont plus détaillés et plus précis. A mesure
que la croix était plantée sur les *Pyrées* (1), et que le Christianisme remplaçait le culte des *adorateurs de la cendre*
(selon l'expression ironique de l'auteur), l'ordre et la tran-
quillité s'établirent dans le pays. Cependant la nature barbare des habitants ne fut domptée qu'après une longue

(1) Ces autels du magisme sont appelés Adrou-chan Ադրուշան, terme
dans lequel il est facile de reconnaître le mot zend ader, *feu*, subsistant dans
le mot *Aderbaïdjan* et dans le mont *Edri* Dagh, donné par les Curdes au
mont Ararat, c'est-à-dire la montagne du Feu . Voy. *Hist. univ. d'Arménie*, t. 1, p. 662.

résistance, et ils avaient encore la naïveté de dire aux Missionnaires qui venaient leur prêcher l'Évangile : « Comment pourrons-nous vivre désormais sans piller? » Comme ces premiers prédicateurs étaient arméniens, la susceptibilité nationale s'éveillait au soupçon qu'ils ne fussent envoyés par le roi, pour l'aider à conquérir leur pays. Telle fut la cause du martyre de saint Grégoire, fils de saint Verthanès et petit-fils de saint Grégoire Lousavoritch. Le roi Tiridate, obligé souvent de repousser les incursions de ces peuplades indomptées et de porter lui-même la guerre dans leur pays, comprit tous les avantages politiques qu'il pouvait retirer de leur conversion au Christianisme. Il y contribua de tout son pouvoir, en leur donnant pour Patriarche le petit-fils de celui qui était investi de la même dignité ecclésiastique, dans son royaume. De cette manière, il se liait les Aghovans par les liens d'une soumission spirituelle, dépendance assurément la plus forte et la plus durable, chez le peuple qui conserve la foi. Saint Grégoire fut attaché à la queue d'un cheval, et périt dans ce cruel supplice. Nous voyons aussi un autre Missionnaire syrien mis à mort, à la même époque et par les mêmes motifs ; ce qui sert, en passant, à confirmer une observation qu'offrent fréquemment les annales d'Arménie, à savoir que l'Église syrienne de Mésopotamie exerça une longue et décisive influence sur la formation et l'organisation des Églises situées plus au nord, dans l'intérieur de l'Asie, comme la langue arménienne et sa liturgie le prouvent d'ailleurs incontestablement (1).

Le roi Vatchagan, après avoir consolidé, dans ses États, l'établissement de la religion chrétienne, songea à régler les rapports des classes de cette nouvelle société. On le voit assembler un concile qu'il préside, et ratifier des règlements

____

(1) Les mots *prêtre* et *faux-prêtre* et plusieurs termes de la langue liturgique s'expliquent par des radicaux chaldéens et syriaques.

qui jettent une certaine lumière sur les mœurs du pays, au quatorzième siècle. Les hommes *libres* ou nobles de l'Artsahk y (1) assistaient, mêlés au clergé.

1° Les Prêtres de chaque commune viendront, trois fois l'année, rendre leurs hommages à l'Évêque, pour apprendre de lui la discipline, et, selon l'usage, ils lui offriront une fois un présent.

2° Au moment de l'ordination, le Prêtre donnera à l'Évêque 4 écus et le diacre 2, à moins qu'il ne soit de la classe des hommes libres : dans ce cas, ce sera 3 écus. Est-il de la famille royale, son tribut spirituel sera un cheval scellé et harnaché. S'il ne fait pas ce présent, pendant sa vie, ceux de sa famille devront le faire après sa mort.

3° Voici comment la commune contribuera à l'entretien du Prêtre : les riches fourniront 4 mesures de blé, 6 d'orge et 16 de millet ou de cumin ; les pauvres, la moitié d'un pain et autant de vin qu'ils pourront. Mais qu'il ne soit rien pris de celui qui n'a pas de vigne. Quiconque donne davantage aura plus de mérites, selon la parole de saint Paul (2) : « Celui qui sème abondamment récoltera avec abondance. » Le propriétaire de troupeaux donnera une brebis, trois toisons et un fromage.

4° Que le noble, le paysan ou tout autre ne refuse pas, chaque année, la célébration d'une messe pour les morts, afin qu'ils participent en quelque sorte aux bénéfices de leurs travaux. On donnera pour le père de famille défunt un cheval à l'église, s'il en a, ou bien un bœuf.

5° Celui qui sera convaincu d'avoir usé de violence contre un Prêtre, un Religieux, ou toute autre personne habitant un monastère, sera flétri publiquement et exclu de l'église.

(1) Ces hommes libres sont appelés *Azad*, mot qui tient aussi à la langue persane, existant aussi en arménien, et qu'on retrouve sous la forme d'*Ouzden* chez les Caucassiens, pour y désigner la noblesse.

(2) II Corinth., cap. IX, v. 6.

6° Si dans un couvent il y a beaucoup de Religieux, Prêtres, et peu de fidèles à l'entour, et que, ailleurs, les fidèles dépendant d'un monastère soient nombreux, et le nombre des Prêtres restreint, le couvent lui en fournira.

7° Le Chrétien, coupable de meurtre, sera conduit devant l'Évêque et jugé d'après les lois.

8° Le Prêtre, placé à la tête d'une grande communauté, ne doit pas prendre la charge d'une autre, et qu'il n'étende pas sa juridiction spirituelle au-delà de ses forces.

9° Qu'un homme ne prenne point une seconde femme, et jamais l'épouse de son frère.

10° Celui qui quitte sa femme, sans raison, et qui en prend une, sans se marier ; celui qui tue injustement un homme ou qui commet un viol, seront amenés, liés et garrottés, devant le palais du roi et punis du dernier supplice.

11° Ceux qui vont à la porte d'un maître de maison pleurer sans sujet, comme s'il était mort, ou lui donner un charivari, seront conduits, liés, au palais, et leurs enfants ne pourront le pleurer à sa mort.

12° Celui qui mange un animal mort, qui rompt le jeûne du grand carême, qui se livre à des œuvres serviles, le dimanche, et ne va pas à l'église, sera condamné devant toute la communauté.

13° Celui qui mange de la viande, le mercredi ou le vendredi, jeûnera une semaine ; mais, si un Prêtre vient certifier qu'il est faussement accusé de ce fait, le chef de la communauté prendra un bœuf au calomniateur, et le donnera au Prêtre.

14° Si un laïque accuse un Prêtre ou un diacre, et que ceux-ci confessent la faute, l'Évêque les reprendra, et ils feront pénitence dans la solitude (1). Mais, s'ils le nient et

(1) *Anabad.* Proprement lieu non *habité* ; mot qui appartient aussi à la langue persane. On appelle ainsi l'un des monastères situés dans une des îles du lac de Van.

que la vérité ait été néanmoins connue par une autre voie, on leur appliquera la peine prévue par la loi, et ils seront chassés de la commune. Que si la faute n'était pas réelle, l'accusateur fera dire une messe par ce même Prêtre.

15° Si, dans un monastère, les membres accusent avec raison un Prêtre, il sera amené devant l'autel, puis on l'en fera descendre publiquement et il sera chassé. Si les écoliers le dénoncent par vengeance, et que la communauté, connaissant leur dissentiment, ne l'eût pas déclaré, le Prêtre célébrera la messe et anathématisera la communauté. Dans le cas où les écoliers conviendraient de leur calomnie, ils ne seraient pas expulsés; mais, à la première faute qu'ils commettraient, on les jugerait d'après les lois.

16° Les Évêques et les Prêtres peuvent porter plainte devant le Roi, contre les hommes libres, qui bâtiraient dans la commune deux ou trois églises paroissiales. Les nobles comparaîtront alors devant le Roi et l'Évêque; et, si ceux-ci consentent à laisser ces églises aux hommes libres, l'on donnerait du moins à l'église paroissiale les rentes et les fruits.

17° Les hommes libres qui prélèveront la dîme, en donneront une moitié à l'ancienne église et l'autre à leurs propres fondations.

18° Le dimanche, le maître et le serviteur (esclave ou serf) assisteront aux prières et à la messe de l'église paroissiale. Les étrangers donneront à l'église leur offrande spirituelle.

19° Les hommes libres, quelles que soient leurs richesses, ne pourront sans l'Évêque ni changer, ni renvoyer un Prêtre. Les Prêtres expulsés par l'homme libre ou par la commune, ne doivent pas quitter leur poste sans l'ordre de l'Évêque.

20° L'homme libre qui élève un autel dans l'église, qui y dépose des reliques ou y fonde une messe, devra avoir la permission de l'Évêque, quelle que soit son autorité. S'il a agi de la sorte avec permission, il sera béni ; sinon il est mis hors de l'église et condamné à une amende payable à l'Évêque. Mais, l'amende canonique payée, il aura part aux bénédictions.

A ce concile siégeaient : Choupaghig, Archevêque de Bardaah ou Bardav, Manassé, Évêque de Gabagh (1), Honnan, Évêque de Hachou (2), les Chorévêques Ananie, Sahag, Thomas, aumônier du palais. Parmi les noms des hommes libres, présents aussi à cette assemblée, nous remarquons : Mihrareg, *chiliarque* et *Askabed* ou prévôt de la nation, Maroup, Dirazt, Sbragos, Lama ou Ghama Pagour, Rhadan, Archès, le brave Vartan, Kartmanaser, Khours, Permousan, Khosguen, et Phyroz, chef de tribu (3).

La rédaction simple et naïve de ces règlements atteste la révolution profonde que le Christianisme avait opérée dans les mœurs et dans les lois. Il y a là quelques traits du caractère de la primitive Église : même respect pour l'autorité religieuse, même rigidité de morale. Toutefois certains articles pouvaient conduire à de graves abus ; telle est par exemple l'obligation imposée aux simples Prêtres de faire des cadeaux annuels à l'Évêque : c'était ouvrir une porte à la simonie, et voilà sans doute pourquoi elle a toujours été la plaie de ces églises. La coutume de donner et de recevoir des cadeaux, selon la qualité différente de subordonné ou de supérieur, est encore aujourd'hui dominante en Perse. Au *nou-rouz* ou nouvel an, qui commence avec l'équinoxe de mars, il se fait dans ce royaume une transmission ascendante et hiérarchique des offrandes publiques, jusqu'au trône

(1) Peut-être faut-il lire Gaban, ville du canton de Tzork, dans la province de Sionnie. Voy. *Geogr. anc. de l'Arménie*, p. 293. — Venise, 1822.

(2) Ce lieu n'est point marqué dans l'ouvrage précité.

(3) Ces noms propres, dont quelques-uns peuvent appartenir au dialecte aghovan, portent la trace du mélange d'éléments hétérogènes, venus de la Perse et de l'Arménie, et mêlés à l'aristocratie de cette société.

du souverain, terme suprême des libéralités, d'où elles doivent redescendre en pluie bienfaisante sur les grands et sur le peuple, pendant le reste de l'année.

Vers ce temps, l'illustre inventeur des trois alphabets arménien, géorgien et aghovan, vint évangéliser le pays d'Oudi. C'est Mesrob, disciple du Patriarche Nersès, dit le Grand, à cause de son savoir et de sa vertu. Nous savons en effet qu'il se retira avec quelques disciples dans la solitude de Kochten ou Kolthan, sur les bords de l'Araxe : versé dans les lettres grecques et syriennes, il avait acquis encore la connaissance de la langue et de la religion des Perses, pendant son séjour à la cour du roi Chosrov III. Aussi s'appliquait-il particulièrement à convertir les sectateurs de Zoroastre. Il fondait des écoles et cherchait à réveiller partout, sur son passage, le goût de l'étude.

Le grand obstacle à l'avancement spirituel de la nation était le manque d'un système graphique, contraint que l'on était de recourir au grec ou au syrien, dont les alphabets ne peuvent reproduire les sons variés et plus nombreux de l'arménien. Aussi, selon la tradition, Mesrob alla en Mésopotamie, c'est-à-dire sur le territoire de l'empire grec, et après quelque temps en rapporta l'alphabet, dont la composition, cause première de la formation de la littérature arménienne, parut si merveilleuse et si extraordinaire, que plusieurs de ses contemporains l'ont attribuée à une révélation de l'Esprit-Saint. C'est lui qui, avec Isaac ou Sahag, le Patriarche, autre disciple de Nersès le Grand, et aidé de plusieurs disciples, entreprit et acheva la traduction des Écritures-Saintes, chef-d'œuvre de style que recommande sa précision. Les Septante paraissent avoir servi de texte principal, bien qu'on y reconnaisse aussi des emprunts faits au texte hébreu et à la version grecque, dite *Péchito* ou vulgaire.

Précédé de sa réputation littéraire, Mesrob parcourait avec

un zèle apostolique le pays de Gaab (1), des Portes de Tcho-gha (2) et toutes les peuplades, ajoute l'auteur, *domptées par Alexandre le Grand*. Il établit des écoles jusque chez les Sarosdains (3). L'historien l'appelle seulement *Machdots*, et nous savons en effet que Mesrob portait ce nom.

Le premier livre de cette histoire se termine par ce récit, digne d'intérêt sous le rapport religieux et historique. Les *Hons*, c'est-à-dire vraisemblablement les Huns, ou l'une de ces tribus Tatares dites *Hioung-nou*, qui, dès le temps de la dynastie des Han, formaient deux grands États au nord et au sud de la Tartarie, font une incursion, commandés par leur roi Rhosmosok (4). Ils passent le Kour et se jettent dans l'Oudi pour s'emparer de Khaghkhagh (5). L'armée fut divisée en trois corps, confiés chacun à un chef dit *osdigan*. Le roi avait donné à ses généraux l'ordre de ravager la Géorgie, l'Arménie et le pays des Aghovans. A la nouvelle de leur approche, les Chrétiens cachent tous les objets sacrés du culte qui auraient pu être profanés. Arrivé au lieu dit Paken, le chef du corps d'armée, dite *Topélienne*, rencon-

(1) Peut-être est-ce le nom du peuple habitant les bords de la mer Caspienne, appelé *Gasbits* en arménien.

(2) Tel est sans doute un autre nom du fameux défilé, situé au milieu du Caucase et donnant entrée dans la Géorgie (Plin., lib. vi. cap. 11), tantôt appelé *Porte de Dariel ou Tarial, Portes Caucasiennes, Portes Caspiennes*, tantôt Portes de l'*Aragri*, nom donné par les Géorgiens aux deux fleuves du Kour et du Térek, ou simplement *Portes de fer*, à cause des portes qui en défendaient l'entrée. Les Arméniens l'appellent aussi la *Porte des Alains*, dénomination qui est passée chez les Arabes, dans Abou'lféda et Masoudy. Il y a aujourd'hui un défilé, dit aussi les Portes de Trajan ou les Portes de Fer, en Macédoine, *Gvozdena Vrata*, en langue bosniaque.

(3) Les *Sauromates*, yeux de lézard ou Sarmates, que les Russes appellent *Iachtcheroglaze* Ящероглазъ.

(4) On peut remarquer ici le radical *Ros*, nom qui se rapproche de *Rouses* ou *Russe*, que les Orientaux appellent aussi *Moscov*.

(5) Ce nom manque dans les anciennes géographies, et il faut lire probablement *Khalkhal*, qui est désigné dans l'autre chapitre comme résidence d'hiver des rois.

tre une femme nommée Taqouhi (1), d'une beauté rare, et en devient éperdument épris. Il lui fait des propositions de mariage qu'elle rejette. Mais pressée par le barbare et menacée de perdre l'honneur, nous l'entendons adresser à Dieu cette prière touchante : « Seigneur des Seigneurs et roi des rois, ne confondez pas celle qui espère en vous! Conservez-moi pure et fidèle, dans ce moment périlleux, vous qui m'avez régénérée par le baptême, cette seconde naissance spirituelle. Puissé-je garder sans tache ma foi et mon corps! Faites luire la lumière de votre vérité dans le cœur de ces hommes inhumains, et qu'ils vous reconnaissent comme le Dieu unique et véritable! » Dénoncée au généralissime, on la traîne devant lui, et, sur son ordre, elle est battue et torturée; mais tous les supplices furent inutiles : elle expira en confessant la foi, et suivant l'expression heureuse de l'auteur, *elle fut unie à Jésus-Christ par un hymen éternel.*

Le soir, pendant que les barbares se livraient à l'orgie d'un festin, une vive lumière brille au ciel et tombe, sous la forme d'un astre, sur le lieu appelé aujourd'hui *Asderplour.* Le chef, frappé du prodige, se fait instruire et reçoit le baptême; puis une église fut bâtie et consacrée avec beaucoup de pompe sur la place même du martyre. L'historien nomme ce général *Théophile.* Peut-être est-ce le nom qu'il reçut en devenant chrétien. Lorsqu'il eut rejoint avec son corps d'armée le roi Rosmosok, celui-ci, qui avait eu connaissance de sa conversion, fait célébrer une grande fête en l'honneur des dieux nationaux ; puis il interpelle Théophile et lui ordonne de sacrifier. Théophile faisait célébrer le saint Sacrifice de la Messe, pendant que son souverain égorgeait ses impures victimes. Rosmosok entre en fureur à la vue de

---

(1) Ce nom qui signifie *Reine* est très-commun encore parmi les femmes arméniennes, comme, chez nous, celui de *Regina.*

ce nouveau témoignage de la foi de Théophile, il lui reproche d'être infidèle au culte de ses pères, et il est sur le champ mis à mort. Trente compagnons partagèrent avec lui la couronne du martyre, ainsi que le Prêtre qui avait le courage de célébrer le saint Sacrifice.

Alors beaucoup de soldats, touchés de leur mort, prirent la résolution d'embrasser le Christianisme et de quitter les drapeaux de ce roi cruel. Ils passèrent en Arménie. Mais ils sont poursuivis et cernés sur le sommet d'une montagne, où ils s'étaient retranchés. On les somme d'apostasier ; comme une autre légion thébaine, ils se laissent tous égorger, sans résistance, répondant qu'ils voulaient remettre leur âme à Jésus-Christ. Ils sont sans doute cette légion de martyrs, dont le nombre se monte à plusieurs milliers, et que le bréviaire et les martyrologes romains disent être morts pour la Foi, sur le mont Ararat.

Nous commençons ici le deuxième livre, où l'auteur parle assez longuement de l'histoire de Perse, et dans des termes qui prouvent qu'il fait moins un récit que la traduction des chroniques nationales. Antog, dit-il, prince de Siounie, n'ayant été mis qu'à la quatorzième table, dans un festin donné par Chàpour, roi des Aris ou des Perses, il en conçut un vif dépit, ne mangea point et médita quelque vengeance. Une invasion de *Khazirs* ou *Khazars* lui en fournit bientôt l'occasion. Pendant que le roi de Perse s'oppose à leurs attaques avec les troupes qu'il a rassemblées de l'Assyrie, du Khorassan, du Khovarezm et de l'Aderbidjan, Antog, à la tête d'une cavalerie d'élite, fond sur *Dispons* (Ctésiphon) (1), fait un immense butin et revient s'enfermer dans une forteresse. Chàpour irrité l'assiége, mais inutilement, et Antog s'enfuit chez les Grecs, au service desquels il meurt, comblé

(1) Voy. *Hist. univers. d'Arménie*, t. III, table, p. 192. — C'est à tort que quelques-uns ont pensé à Hispahan. Il est dit que la ville est bâtie sur l'Euphrate.

d'honneurs. Son fils Babig se hasarda néanmoins à aller à la cour du roi de Perse, dont il gagna la faveur par sa bravoure. « Le roi l'ayant un jour appelé, le jeune homme lui « dit : Ote du portique de ton palais le vase plein de cen- « dres. Car il y avait en effet là un vase plein de cendres, « et quiconque entrait, le frappait en disant : Que la vie et « les complots des chefs de Siounie s'en aillent aussi en « cendres ! » Jusqu'alors il avait caché son nom et son ori- gine ; le roi le connut et le renvoya dans son pays avec les titres de distinction, accordés aux Pagratides et aux Mami- goniens.

Yezdegerd II monta ensuite sur le trône et suscita aux Arméniens une violente persécution, accompagnée de guerres et de massacres, pour les contraindre à embrasser le ma- gisme. Son généralissime Mihir-Nerseh adressa alors à tous les Chrétiens une proclamation, que nous a conservée l'histo- rien Élisée, et qui répand une certaine lumière sur la doctrine de Zoroastre (1). Réduits à leurs seules forces, les Arméniens déployèrent beaucoup de courage, et divisèrent leur armée en trois corps, dont l'un fut destiné à couvrir les frontières de l'Aderbidjan, et l'autre, commandé par Vartan, fut opposé au Marzban de Tchogha qui avait ruiné un grand nombre d'églises. Vartan, après s'être signalé par sa bravoure en plusieurs rencontres, fit alliance avec le roi des Huns, à la condition que les Chrétiens auraient le libre exercice de leur religion. L'Arménie aurait pu tenir tête à la Perse avec un commandant aussi déterminé ; mais l'a- postasie et la défection de Vasag le privèrent d'une partie de ses forces, et, ayant été vaincu dans une bataille, qu'il osa livrer, malgré l'infériorité numérique de ses troupes, le pays tomba sous la domination persane.

L'expédition de l'empereur Héraclius, libérateur de la

____

(1) Voy. Mém. sur l'Armén., t. II, p. 472.

Croix qui était tombée entre les mains des Perses, est racontée avec assez de détails, et le style, parfois revêtu de couleurs poétiques, indique ou des emprunts ou des réminiscences. Pour mieux paralyser les forces de son ennemi, il s'allie aux Khazars, race slave, d'après les recherches récentes de Vénéline, et faisant même partie de la famille bulgare, qui s'étendait de la mer d'Azof à la Thrace et à l'Illyrie (1). Toute la population répond à cet appel, et selon l'expression de l'auteur « les habitants des montagnes et des plaines, ceux qui vivaient dans des maisons ou sous le couvert du ciel, sur mer ou sur terre, les hommes *chevelus* (2), comme tous ceux qui étaient *rasés*, accoururent sous les drapeaux pour combattre les Perses. Ils prennent les Portes de fer et assiégent Tiflis, cité *grande et célèbre*. Le chef des barbares est appelé Tchépou, et porte le titre de *Khacan* (3). L'empereur attira encore d'autres barbares dans cette confédération par ses riches présents. Khosrov effrayé s'enfuit à Ctésiphon et désigne un autre général, que l'historien appelle *Rhodjveh*.

Ici, son style prend tout à fait les formes et le ton de la phrase persane. La hardiesse des images, le parallélisme des phrases, les antithèses et l'espèce de *concetti* qui caractérisent cette branche de la littérature orientale nous prouvent avec évidence que ce passage est la reproduction d'un fragment historique, écrit dans cette langue. Les derniers événements qui signalent la fin de la dynastie des Sassanides sont rapportés avec toutes leurs circonstances, et on serait tenté de les prendre pour l'épisode d'un grand poëme épique. « Si tu ne peux vaincre, écrit Khosrov à son nouveau

<hr>

(1) Les Bulgares anciens et modernes, par Vénéline. 1 vol. in-8°. — Moscou. — 1830.

(2) Peut-être est-ce une manière de distinguer les hommes *libres* ou de race noble, des simples serfs ou esclaves.

(3) Titre tatare et encore usité, chez les Persans, à celui de Khan ou Seigneur.

général, du moins tu peux mourir. » La bataille se livre dans les plaines de l'Aderbidjan, et les troupes de Rhodjveh sont comme la poussière que chasse et disperse l'ouragan. Après cette défaite, l'un des chefs persans prend la parole et prononce une sorte de harangue à la Tite-Live. Il s'y plaint amèrement de la tyrannie du roi. Comme personne n'osait lui répondre, l'un d'eux, chargé de l'éducation de Cavad ou Gavade, fils de Khosrov, propose de le mettre sur le trône. Le complot s'ourdit et nous suivons tous les fils de la conjuration jusqu'à son dénoûment, qui aboutit à l'assassinat du malheureux monarque, refugié à Véhardachir, ville située en face de Ctésiphon. Au bruit des pas des conjurés, il s'était caché parmi les arbres de son jardin ; mais il est découvert, traîné dans sa salle dite *Kadugui-Hentoug*, et bientôt sa tête tombe sous le fer des conjurés. Gavade lui succède et commence par faire mutiler ses frères, coutume barbare qui n'a cessé d'exister en Perse, jusqu'à ces dernières années, et qui consiste surtout à priver de la vue les princes du sang.

Moïse fait néanmoins l'éloge de Gavade. C'était, dit-il, un prince prudent et pacifique ; il diminua les impôts et travailla, pendant son règne, trop court, puisqu'il ne dura qu'une année et quelques mois, *à ce que personne ne ceignit l'épée*. Il s'empressa d'envoyer à l'empereur Héraclius deux courriers, pour lui annoncer qu'il restituerait la vraie Croix. La mort l'en empêcha, et la restitution ne s'accomplit que sous Ardéchir, son successeur.

Après ce long passage des annales des Perses, nous retournons avec l'auteur, sous les murs de Tiflis, toujours assiégée par le Khacan des Khazars. Tchépou avait un affront personnel à venger ; les habitants avaient exposé sur les murailles une citrouille représentant les traits de sa figure ; aussi pressa-t-il le siége avec un redoublement de vigueur. A la fin, il emporte d'assaut la place, et la peau du gouverneur persan, écorché vif, est remplie de paille et exposée sur la muraille, à la place de la citrouille. Les Aghovans, non affranchis de la suzeraineté de la Perse, tenaient toujours plus ou moins à son parti, et plusieurs garnisons persanes occupaient les forteresses du pays. Tchat, fils de Tchépou, les somma de se soumettre, menaçant leur refus des plus affreuses punitions. La nation avait alors un Patriarche, nommé Virou, homme grave, prudent, écrivain habile et philosophe, qui, ayant passé vingt-cinq ans, comme prisonnier, à la cour du roi de Perse, composa et traduisit plusieurs ouvrages relatifs à l'histoire de ce pays. Il rassembla les princes et les notables et leur conseilla d'apporter, chacun, une somme d'argent pour désarmer la colère du barbare. Tchat était campé près de Bardah. Le Patriarche est député vers lui. Il le trouve au milieu de ses grands, agenouillés devant lui comme des *chameaux* et remplissant, *comme des outres, leurs ventres,* avec les mets qu'ils mangeaient dans les plats pris au sac de Tiflis. Il est seul introduit devant le roi, après trois génuflexions. Son aspect majestueux, relevé par une barbe vénérable, ses bonnes manières et surtout son éloquence persuasive, fléchirent le courroux de Tchat, qui jura par son père de condescendre à ses désirs. On l'invita à manger ; mais, comme c'était un jour de jeûne, il refusa. Il obtint la liberté de tous les prisonniers, et les ennemis avaient conçu tant de respect pour sa personne, qu'ils prononçaient son nom avec celui de leur souverain, en y ajoutant le mot *Dieu.*

C'était le temps où le nord de l'Asie semblait enfanter avec une fécondité inépuisable des hordes toujours renaissantes de barbares. Ainsi l'auteur cite peu après Tchépou et Tchat, un autre roi du nord, envoyant son général Tchorbantar dévaster l'Arménie. Mais ses troupes sont surprises et entourées par la cavalerie persane qui les extermine, comme le *feu au milieu des roseaux de la mer de Regham* (1).

(1) Nom ancien du lac de Sévan, le *Lychnites* de Ptolémée, au milieu duquel est une île, célèbre par le monastère qui y fut bâti.

Là, l'historien s'arrête avec complaisance à décrire la vie d'un prince célèbre chez les Aghovans. Il se nomme Tchévantcher, fils de Varaz Ier, lequel descendait d'un certain Mihr, de la famille de Khosrow-Perviz, le Sassanide, établi dans l'Oudi, près de Berdah. Son père, qui reconnaissait en lui les signes de la bravoure, l'envoya à la cour du roi de Perse, résidant à Dispon ou Ctésiphon. Il fut bientôt élevé au rang d'*Asbarabied* ou *général de cavalerie* et, pour prix d'une victoire remportée sur les Arabes, près de Gadchan, il reçut du souverain deux lances d'or, un bouclier et une ceinture. Il fit beaucoup d'autres prodiges en défendant le roi. Mais la dynastie des Sassanides s'étant éteinte dans la personne d'Yesdedjerd III, il prend la résolution de retourner dans sa patrie, refuse les partis brillants qu'on lui offrait, et épouse la fille du prince de Sisag, de préférence aux princesses de la Géorgie et de l'Arménie.

Pendant que les Arabes envahissaient la Perse, il profite de la circonstance pour affranchir son pays des liens d'une suzeraineté incommode et onéreuse. Il fait alliance avec les Arméniens et les engage à se placer avec lui sous la protection des empereurs grecs. Constantin, petit-fils d'Héraclius, le nomme Patrice et lui envoie, avec de riches cadeaux, une relique de la vraie Croix, qu'il portait toujours sur sa poitrine. Son royaume s'étendait alors des frontières de la Géorgie et des Portes *des Huns* ou des Alains, jusqu'aux bords de l'Araxe. L'empereur Constantin étant venu à la tête d'une armée en Arménie, il appela le prince Tchévantcher et le reçut avec la plus haute distinction, l'admettant à sa table et aux délibérations de ses conseils privés. En le quittant, il lui dit : « Ta personne est avec la mienne ; mon cœur est comme le tien ; va en paix. » Le roi du Turkestan rechercha aussi son amitié. La réputation de son mérite était telle, qu'on venait de l'Assyrie, de l'Aderbidjan, de la Géorgie et même de l'Inde, pour le voir et le consulter. Il était doux, affable et juste pour tous. C'est, ajoute l'écrivain, à la vertu de la vraie Croix qu'il doit sa renommée.

Les Khazars se montrent sur les frontières; il marche à leur rencontre et remporte sur eux une mémorable victoire, près du Kour. Pour en rendre grâces à Dieu, il bâtit la magnifique Église d'Orhnap, et, à la Fête de sa dédicace, il prononça une prière touchante et pleine d'onction. Selon l'usage des monarques orientaux, il habitait, l'hiver, un pays d'une température plus chaude : cette résidence se nommait Bérozgarade.

Le roi des Huns ayant fait une incursion sur le territoire des Arméniens, Tchévantcher, après s'être prosterné devant la vraie Croix et avoir dit : « Dussé-je aller au milieu des ombres de la mort, je ne craindrai rien ; » il se lève, plein de confiance, et part. Le roi des Huns s'avance à sa rencontre ; ils s'entretiennent fraternellement et font alliance. Sa première épouse était morte ; il obtient une des filles du roi barbare, et, dans une visite qu'il fit à son camp, escorté seulement de 17 hommes, il l'engagea à restituer de la part du butin enlevé sur les Chrétiens, 120,000 moutons, 7,000 chevaux et 2,000 captifs. En retournant, il chantait : « Je ne me suis pas confié dans mon arc; c'est toi, Seigneur, qui m'as suivi, et je me glorifie en toi (1). »

Lorsqu'il traversa l'Arménie pour aller conférer avec le chef des Arabes, que l'auteur appelle *Roi du Midi*, il fut accueilli avec de grands honneurs par le prince Grégoire, de l'illustre maison Mamigoniane, et par le Patriarche Anastase, c'est-à-dire vers l'an 661. L'alliance que Tchévantcher avait contractée avec les Arabes, lui créa des ennemis; la constance de sa fortune avait excité aussi la jalousie de plusieurs. Un jour qu'il était venu dans la ville de Bardah assister à une cérémonie religieuse, il fut frappé, à la porte

_____
(1) Psaum. XLIII, v. 7.

de son palais, par les conjurés et expira au milieu des regrets
et des larmes du peuple.

Moïse nous a conservé un chant populaire et élégiaque,
propre à donner une idée favorable de la poésie aghovane.
L'expression de la pensée est énergique et elle respire un
ardent patriotisme. Toutefois, on ne peut s'empêcher de remarquer au ton hyperbolique et figuré, l'influence que l'esprit de la Perse a dû constamment exercer sur ce pays, qui
avait accepté aussi son symbole religieux.

« Un grand coup a frappé les pays d'Orient ; le bruit
d'une ruine a retenti sur la terre ; les nations et les peuples
écouteront ma voix, et tous avec moi pleureront.

« Tchévantcher avait la majesté du lion reposant dans sa
tanière ; contenus dans le silence, les ennemis tremblaient ;
les princes, ses vassaux, lui obéissaient avec une crainte mêlée d'amour. »

Varaz-Tirdate, fils de Varaz-Péroz, frère de Tchévantcher,
fut choisi pour lui succéder, par les Grands réunis en un con-
seil, auquel le Patriarche fut aussi appelé, pour donner sa
voix et pour confirmer l'élection.

Vient ensuite le récit d'une ambassade près du roi des
Huns. On y trouve des détails intéressants, sous le double
rapport de la géographie et de l'histoire. L'envoyé fut le
coadjuteur du Patriarche, homme instruit, d'un caractère
conciliant et d'une piété vive. Il se nommait Israël. Le 18 du
mois de Méhégan (1), il quittait la résidence royale d'hiver
dite Bérozgarade. Il traversait le Kour, puis le pays proprement dit des Aghovans, dans l'espace de douze jours. Là,
sur les frontières des *Paghasagans*, entre les Géorgiens et
les Alains, il trouva une ville dite Lipan, où le clergé le reçut avec joie. Comme c'était la fête de Noël (2), il la célébra

____

(1) Ce mois correspond à décembre.
(2) Sans doute les Aghovans célébraient cette fête avec celle de l'Épipha-

avec eux et s'arrêta trois jours. De là, il passa au pays des *Djhepx* (1), autre population de montagnards, guerrière et très-brave. Une neige qui tombait abondamment les surprit, et ils perdirent la route. Il ne dut son salut qu'au bois *vivifiant* de la Croix. Il se passa encore plusieurs jours, sans qu'il vît le ciel et les astres, et ce fut avec grand'peine qu'il parvint au lieu du martyre de saint Grégoire, premier Patriarche des Aghovans. De là, ils gagnèrent les Portes de *Tchogha*, près de *Derbend* (2), et enfin, le quarantième jour, ils atteignaient la ville de Varatchan, capitale du roi des Huns. Ce roi s'appelait *Lithouer*, et il avait pour général de son armée un prince nommé *Azpiloutouver*. Les Huns étaient encore païens et adonnés aux plus grossières superstitions. Les éclairs et le bruit de la foudre étaient selon eux l'expression directe de la volonté divine, et comme sa manifestation par une voix supérieure. Les Circassiens dits *Tapchis* qui ne sont pas éloignés du lieu indiqué par l'auteur, admettent encore aujourd'hu., outre le Dieu suprême *Tao*, une autre divinité maîtresse des éléments et surtout de la Foudre. Ils lui donnent le nom de *Sozeris.*

Le soleil, la lune et les astres étaient aussi à leurs yeux autant de divinités qui avaient leurs prêtres, mêlant les sortiléges et les enchantements aux pratiques du culte public. Les morts étaient enterrés au bruit d'une musique guerrière, et lorsqu'ils s'étaient distingués par quelque action éclatante, durant leur vie, leurs compagnons d'armes se livraient, pendant la cérémonie funèbre, à une espèce de tournoi. Les uns luttaient comme des athlètes, les autres combattaient à cheval, au milieu des chants, des danses et des

nie, le 6 janvier, comme la coutume s'en est conservée dans l'Église arménienne non-unie.

(1) Il faut lire Djep; *Hist. univers. Armén.*, t. III, p. 155.

(2) *Derbend* est l'ancien nom persan qui exprime à la fois l'idée d'une *porte* et d'une *digue.*

cris des pleureurs. La polygamie était aussi un usage national, et l'auteur remarque que la corruption des mœurs était extrême.

L'envoyé Israël assista à une fête célébrée en l'honneur d'un géant nommé *Shanticat* (1), espèce d'Hercule et de Dieu guerrier, qui paraît être comme le génie tutélaire de la nation. Les lieux hauts et touffus lui étaient particulièrement consacrés, et les feuilles des arbres préparées par les prêtres et distribuées au peuple, étaient une sorte de panacée contre toutes les maladies et un germe de fécondité. Les hommes et les femmes portaient aussi des amulettes d'or et d'argent, représentant la figure d'un dragon.

Israël, touché de l'ignorance spirituelle de ce peuple, ne cessait de prier Dieu qu'il ouvrît leurs yeux à la lumière de son Évangile. Il célébrait en leur présence le saint Sacrifice de la Messe, et ces barbares, touchés de la majesté du culte chrétien, se disaient les uns aux autres : « Allons entendre de sa bouche des paroles de consolation ; car il est le docteur de la Foi, venu pour nous instruire des volontés célestes. » Alors, par une longue prédication que l'auteur expose avec un ordre théologique, et dans laquelle nous remarquons le dogme de la Procession du Saint-Esprit formulée avec précision, bien que le schisme, comme nous le dirons ensuite, eût déjà altéré la foi de l'Église d'Albanie, Israël parvient à toucher les cœurs des Huns et à les convaincre de la vérité du Christianisme. Le roi, le prince Azpiloutouver avec l'armée qu'il commandait et le reste du peuple, se décident à jeûner, pendant le carême qui allait commencer ; les prêtres et les devins, mus par intérêt et par fanatisme, résistent seuls, menaçant de la colère des dieux ceux qui les abandonnaient. Ils réclament un nouveau tribut de victimes ; mais

______

(1) Dans ce mot, peut-être aghovan. il nous semble distinguer le radical *Asp*. cheval.

le peuple, encouragé par les exhortations de l'envoyé aghovan, est sourd à leurs représentations et à leurs demandes; bien plus, il se porte en masse sur les hauts-lieux, renverse les arbres sous lesquels on offrait les sacrifices au dieu Sbantéad, et il les traîne en triomphe à la capitale de Varatchan, où il en fait une croix colossale, dans laquelle fut inséré un morceau de la vraie Croix. Quand le roi voit que les prédictions sinistres des faux prêtres n'avaient aucun effet, il les fait exterminer. Les temples des idoles sont renversés et le Christianisme est solidement établi dans la nation.

Nous sommes arrivés au troisième et dernier livre, fort inférieur aux deux autres, quant à la forme et à l'intérêt historique. Les Aghovans n'y occupent qu'une place secondaire, et il est traité surtout des affaires politiques et religieuses de la patrie de l'auteur. Un changement dans la foi des Arméniens avait tristement modifié leur état social. Séduits par l'erreur d'Eutychès, ils s'étaient séparés de l'Église grecque en rejetant le concile œcuménique de Chalcédoine. A partir de cette époque, ils restent sans auxiliaires contre les Perses, ou les alliances qu'ils forment avec la cour de Constantinople ne sont que des traités passagers que rompt et viole la haine du sectaire, mêlée à de secrètes antipathies de race. L'Arménie, en s'isolant du reste de la Chrétienté pour conserver ce qu'elle appelait l'*orthodoxie* de son Église, tomba dans le double malheur de l'anarchie et du fanatisme. Chacun voulut dominer dans l'État, comme dans l'Église, et il en résulta une suite de révolutions, de guerres, de disputes théologiques, qui arrêtèrent le développement heureux que présentait la nation convertie à la Foi, sous Tiridate. On peut juger de l'affaiblissement du sentiment chrétien et patriotique par les deux traits suivants que rapporte Moïse Galkantouni.

Mahomet, dit-il, perverti par les enseignements d'un er-

mite *Arien*, nommé *Pahkra* (1), avait jeté les fondements
de sa secte, qui envoya bientôt contre l'Arménie les bandes
victorieuses des Arabes, soumis au *roi du Midi*. Les Arméniens ne purent résister aux attaques impétueuses de leur
cavalerie, et, privés de secours par l'effet de leur isolement,
ils durent reconnaître l'autorité des Califes. Au lieu de se
battre, ils aimaient mieux argumenter contre le Concile de
Chalcédoine et attaquer ses partisans. Le patriarche d'Albanie était resté fidèle à l'ancienne foi ; celui d'Arménie qui le
regardait comme un simple suffragant de son siége, voulait lui substituer un homme partageant ses principes ; alors
que fait-il ? Il s'adresse à l'*Émir des Croyants* (tel est le nom
qu'il ne craint pas de donner au Calife, dans la lettre qu'il
lui écrit et que relate Moïse), accusant les mœurs du Patriarche des Aghovans, accusation peu convenable près d'un
Musulman, et finissant par lui demander ce qu'il doit faire,
comme s'il consultait son propre chef spirituel. La réponse
ne se fit pas longtemps attendre : elle lui prescrivait de dé-
poser le Patriarche, d'en élire un autre et de resserrer les
liens qui unissaient les deux siéges. Élie, obéissant, va à
Bardaah, et prive non-seulement de sa dignité, mais même
de la vie, le Patriarche incriminé, à qui il donne pour successeur un certain Simon, qualifié dans notre histoire de *chaste*
et de *modeste*, sans doute parce qu'il rejetait aussi le Concile de Chalcédoine.

L'esprit de division et de querelle qui éclata dans cette partie de l'Orient, à l'occasion de l'Eutychianisme, avait toute la
passion et les rancunes des partis politiques. Le sentiment
de l'amour-propre national, combiné avec le faux zèle,
poussait aux actes les plus révoltants. C'est ainsi qu'on vit

(1) Le précepteur nommé plus communément Sergius, par les autres
auteurs orientaux, appartenait plutôt à la secte nestorienne, que notre écrivain pouvait confondre avec celle des Ariens, en ce sens qu'elles nient l'une
et l'autre la divinité de J.-C.

souvent des chefs ou seigneurs arméniens faire cause commune avec les *ignicoles* ou adorateurs du feu de la Perse et les Musulmans de l'Arabie, contre les Grecs, aimant mieux voir leur pays ravagé ou conquis par les ennemis du Christianisme, que se rapprocher d'une puissance chrétienne, à qui ils avaient à reprocher de ne pas entendre, comme eux, l'union des deux natures en J.-C. Tous les écrivains du temps qui épousèrent avec plus ou moins d'ardeur l'opinion théologique, adoptée par les chefs ecclésiastiques de la nation, ne peuvent contenir l'acrimonie de leur haine contre l'Église grecque, et ils l'accusent sans cesse d'avoir changé la foi ancienne. Une notion exacte de la constitution divine de l'Église, dont celle de Byzance était alors un des plus florissants rameaux, et la foi à la parole de son Fondateur, qui lui a promis son assistance perpétuelle, les auraient conduits à comprendre que les décisions d'un Concile ayant, comme celui de Chalcédoine, tous les caractères de l'œcuménicité, ne pouvaient être erronées, et que l'exposition plus nette d'un dogme n'en était pas la négation ni le changement. Tout le mal venait de l'ambition des Patriarches, qui aspiraient à l'indépendance absolue; et l'on ne comprenait pas que cet isolement de l'Église serait la cause de la ruine même de l'État. Sept ou huit fois, le Clergé arménien eut la velléité de se réconcilier avec Constantinople ou Rome; mais comme l'intérêt du moment plutôt qu'une conviction sincère de la nécessité de l'obéissance à un Chef nécessairement unique, déterminait et dirigeait leurs démarches, les événements politiques qui changeaient à chaque instant la scène de ces pays, venaient modifier leurs résolutions. Aujourd'hui, il n'est guère d'Arménien non-uni qui n'admette en J.-C. les deux natures, et dernièrement un de leurs Évêques avait la naïveté d'écrire, que si la nation s'était élevée avec tant de force contre le Concile de Chalcédoine, c'est qu'elle *pensait à tort* que les Grecs y soutenaient l'hérésie de Nestorius.

Mais revenons au patriarche Élie, dont les autres actes de son pontificat, fixé à l'année 703, confirment notre observation. Dans une encyclique, où il gémit sur le sort de l'Église aghovane *ravagée par les loups dévorants*, c'est-à-dire régie par les défenseurs de la doctrine de Chalcédoine, il annonce qu'il veut la restituer dans son état primitif d'honneur et d'union à l'Église arménienne ; ce qui veut dire qu'il la soumet et l'inféode à son propre siége. Assemblant ensuite un conciliabule, il y déclare que quiconque s'écartera de l'ancienne orthodoxie arménienne, sera maudit de la sainte Trinité, privé des dons du Saint-Esprit et déshérité du Ciel. Si c'est un Évêque, il perdra sa dignité ; le Prêtre sera suspendu, et le Religieux, chassé de son couvent. Noble ou homme libre, il sera excommunié et l'entrée de l'église lui sera interdite, jusqu'à ce qu'il se rétracte et témoigne publiquement de son repentir. Quant aux classes inférieures, il ne se donne pas la peine de les comprendre dans l'énumération, comme si elles se composaient d'êtres privés d'intelligence et de liberté.

Mais ce qui fait le mieux ressortir le ridicule de cette puissance spirituelle, si jalouse de ses droits, c'est qu'à la suite de ce chapitre, nous en trouvons un autre qui annonce que les actes du soi-disant Concile furent déposés dans la chancellerie du musulman Abdalmelek, *émir des Croyants*, pour y être revêtu de son approbation et gardé comme en dépôt. Nous ne voyons plus aussi figurer à la tête de la nation que des noms sans célébrité, et le titre de *Patrice* est le plus élevé.

Le récit devient confus et perd de son intérêt. A peine Moïse indique-t-il les invasions principales des Arabes dans l'Albanie. Nous devinons seulement à quelques détails que les Aghovans n'avaient pas perdu leur ancienne valeur. Nous les voyons résister, pendant treize années, dans la ville de Bardaah, à tous les efforts de l'armée musulmane qui les assiége. Nous saisissons, à quelques traits aussi, la dégradation de ce siége patriarcal que les Patriarches d'Arménie avaient prétendu relever. Ainsi, au milieu du désordre de ces guerres, le Patriarche étant mort, les seigneurs ne furent pas d'avis de lui donner un successeur. Toutefois, un certain Évêque, du nom de Samuël, jugea à propos de s'installer lui-même sur son siége. Pour résister à l'opposition des seigneurs aghovans, il en appela à Achod, fils de Vasag, prince de la maison des Pagratides, qui commençait à s'établir sur les débris des autres maisons féodales de l'Arménie, et Achod, que le dernier calife Ommiade Merwan II avait déclaré *patrice*, le soutint dans ces prétentions. Tels sont les derniers événements que l'auteur consigne dans son histoire, qui s'arrête à la fin du VIIIᵉ siècle de notre ère. Il la termine par la liste des Patriarches aghovans, que nous reproduisons, comme utile à l'histoire ecclésiastique de l'Orient.

1. Elisée, disciple de saint Thadée, et ordonné prêtre à Jérusalem par saint Jacques, vient le premier évangéliser l'Albanie, les pays de Thor et de Lepks, voisins de la Géorgie.
2. Saint Grégoire, petit-fils de saint Grégoire l'*Illuminateur*, premier Patriarche de l'Arménie.
3. Saint Choupalil.
4. Matthieu.
5. Sahag.
6. Moïse.
7. Band.
8. Lazare.
9. Grégoire.
10. Zacharie.
11. David.
12. Saint Jean, évêque des Huns.
13. Jérémie, sous qui saint Mesrob évangélisa aussi l'Albanie.
14. Abas, qui transfère le siége de Thor à Bardaah. C'est lui qui accepta la formule du Trisagion, que nous avons encore, dit l'auteur, c'est-à-dire qu'il introduisit le schisme

et l'hérésie chez les Aghovans.

15. Virou.
16. Zacharie.
17. Jean.
18. Oukdanes.
19. Éléazar, qui découvrit la Croix, cachée par Mesrob au bourg de Kis.
20. Nersès, qui, ayant voulu ramener la nation à la foi de Chalcédoine, fut déposé et anathématisé.
21. Simon.
22. Michel.
23. Anastase.
24. David.
25. David.
26. Matthieu.
27. Moïse.
28. Aharon.
29. Salomon.
30. Théodore.
31. Salomon.
32. Jean.
33. Moïse.
34. David.
35. Joseph.
36. Samuel.
37. Honan.
38. Siméon.
39. David.
40. Sahag.
41. Kakig.
42. David.
43. David, consacré par le patriarche Ananias (943).
44. Benelas.
45. Moïse (1).

(1) Cette liste, qui s'étend au-delà de l'époque où Moïse Galkantouni termina son histoire, a été sans doute augmentée par quelques copistes. Il est inutile de faire observer que l'Albanie *arménienne* n'a de commun que le nom avec cette autre *Albanie* de la Turquie d'Europe, où se perpétuent les tribus qui se vantent d'avoir fourni les meilleurs soldats aux armées de Pyrrhus, d'Alexandre le Grand et de Scanderbeg. L'une des plus connues est celle des *Mirdhites*, qui a la gloire d'être toujours restée *catholique*, au milieu des autres tribus engagées dans le schisme photien.